三國志

이희재 삼국지

9 — 출사표를 올리다

Humanist

작가의 말

《삼국지》에는 숱한 이야기의 물줄기가 흘러갑니다. 잔잔한 수면 위에 파동이 일기도 하고, 장대비가 내리치며 홍수가 이는가 하면, 거센 파도가 밀려와 평온한 마을을 덮치기도 합니다. 사람과 사람, 세력과 세력이 맞물리고 부딪치며 대륙을 질러가고, 산과 들을 굽이돌아 흐르며 천지를 뒤흔듭니다. 1800여 년 전, 고대 중국에서 구름처럼 일었던 인물들의 이야기입니다.

천지가 요동쳐도 흔들림이 없는 관우, 감정에 충실한 용맹의 사나이 장비, 인의의 뜻을 따르며 어질기 그지없는 유비, 이상을 품고 초막에 누워 있다 유비를 따라나선 풍운의 지략가 제갈공명, 사람을 버리고 얻는 데 실리를 좇으며 천하 제패에 다가서는 조조, 무도한 행동으로 배신의 대명사가 된 여포, 그 밖에도 손권·주유·원소·공손찬·조자룡·태사자·방통·황충·마초·강유·사마의 등등…. 실로 수백수천의 영웅호걸들이 활개를 칩니다. 어떤 이는 힘과 용기로, 또 어떤 이는 머리와 꾀로, 밀고 당기고 치고 빠지며 천하를 종횡합니다.

어렵고 긴 내용을 경쾌하게 만날 수 있다는 것이 만화의 장점입니다. 한 권에 수백 쪽이 넘는 활자책을 이백여 쪽의 시각 조형으로 구성하는 일은 제한된 지면의 절대 공간과 싸우는 일이었습니다. 《삼국지》를 만화로 만드는 과정은 원작의 큰 줄기를 살리고 곁가지들을 솎아 내는 일이기도 하였습니다. 나관중 원작에서 벗어난 부분을 살피고, 중국 민중들 사이에서 입으로 전해지는 에피소드를 일부 보탰습니다.

흔히 《삼국지》를 세상살이를 읽는 책이라고 합니다. 세상을 살아가며 사람 사이의 관계를 헤아리고 자신을 돌아보며 성찰을 이끌어 내는 내용이기 때문일 것입니다. 한 번쯤 읽어야 할 고전이며 한 번쯤 걸어야 할 길이라는 의미이기도 합니다. 《이희재 삼국지》는 아이와 부모가 함께 읽을 수 있는 책으로, 부모들이 먼저 읽고 자녀들에게 권하는 만화입니다. 《삼국지》의 무대 속으로 들어가 시간 여행을 하기 바랍니다.

2016년 7월
이희재

등장인물

유비 · 유선
유비는 동오를 향해 진격하지만, 적장 육손의 계략에 말려 힘겨운 싸움을 이어 나간다. 유비의 아들 유선은 위의 대병이 온다는 소식에 혼이 빠진다.

장비
관우의 죽음에 슬픔의 나날을 보내던 장비는 유비가 동오를 치자는 말에 서둘러 성도로 달려간다.

제갈량
유비의 유명을 받은 제갈량은 유선을 보좌하는 데 힘을 쏟는 한편, 남만 지역 평정에 나선다.

제갈근
동오의 책사이자 제갈량의 형. 촉이 동오를 친다는 소식을 듣고 유비를 설득하기 위해 찾아간다.

장포와 관흥
장비의 아들 장포와 관우의 아들 관흥은 각각 부친의 원수를 갚기 위해 출전을 자청한다.

조자룡
주변의 만류를 뿌리치고 중원 정벌에 앞장서며 노익장을 발휘한다.

등지
위를 치기 위해서는 동오와 손을 잡아야 한다고 생각하고 건업으로 향한다.

맹획
촉군에 맞서 여러 차례 항거하지만 제갈량의 전략을 이기지 못해 번번이 패하고 만다.

손권
유비의 공세에 맞서 육손을 내세우며 위기를 모면한다. 이후 촉과 동맹을 맺었다가 위의 공격을 받는다.

육손
뛰어난 통솔력을 발휘해 노장들이 주축이 된 군대를 아우르며 촉의 공격에 대응한다.

사마의
여러 지역의 맹주들을 불러 촉을 공략할 것을 제안한다. 이후 역모를 꾸몄다는 의심을 받고 낙향한다.

조비와 조예
조비는 촉과 오를 정벌하기 위해 여러 차례 기회를 노리지만 성공을 거두지 못한다. 조비의 뒤를 이은 조예는 사마의가 역모를 꾀하는 것은 아닌지 경계한다.

차례

작가의 말　4
등장인물　6

제1장	장비도 관우를 따라가고	11
제2장	나라의 명운을 형제의 정에 매여	27
제3장	노장군 황충, 별이 되다	49
제4장	새내기 육손, 칠백 리 촉영을 흔들다	67
제5장	용의 꿈, 백제성에서 지다	87
제6장	기름 솥에 뛰어들어 촉오 동맹을	103
제7장	위가 오를 쳤으나 혼비백산	125

제8장	**일곱 번 사로잡고, 일곱 번 놓아주다**	143
제9장	**출사표**	173
제10장	**자룡의 무용, 공명의 슬기**	187

■ 연표　　　　　　　　　　　　　　　　211

■ **일러두기**

- 이 책에서 말하는 《삼국지》는 진수가 쓴 정사 《삼국지》가 아니라 나관중이 지은 소설 《삼국지연의》를 뜻합니다.
- 《삼국지》에는 유비·조조처럼 성과 이름으로 부르는 경우와, 현덕(유비)·맹덕(조조)처럼 자로 부르는 경우가 뒤섞여 있습니다. 상대방을 이름으로 부르는 것은 자신보다 지위가 낮거나 어린 사람인 경우, 또는 싸움에서 상대를 무시할 때 등이고, 보통은 이름 대신 자를 부르는 것이 관례입니다. 이 책에서는 공명(제갈량)이나 자룡(조운)처럼 자가 널리 알려진 몇몇 인물만 자와 이름을 혼용해 썼고, 그 외 인물 대부분은 혼란을 줄이기 위해 성과 이름으로 표기했습니다.
- 지명은 〈외래어 표기법〉 대신 소설에서 널리 쓰인 관용 표기를 따랐습니다. 예를 들어 洛陽을 뤄양이라 하지 않고 낙양처럼 우리 한자음 읽기를 했습니다.
- 이 책에 실린 지도와 연표는 《삼국지》의 이해를 돕기 위한 것으로 실제 역사와는 차이가 있습니다.

제1장

三國志

장비도 관우를 따라가고

제2장

三國志

― 나라의 명운을 **형제**의 **정**에 매여

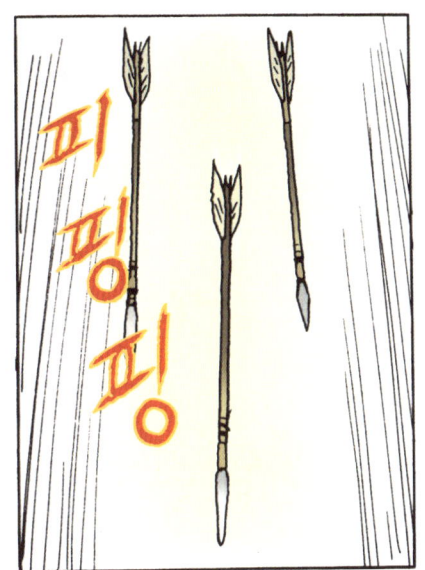

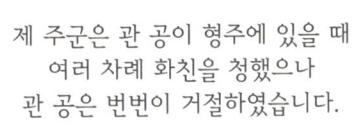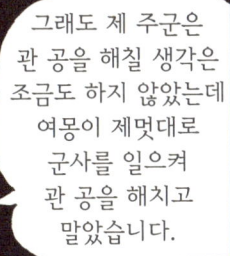

제3장

三國志

노장군 황충, 별이 되다

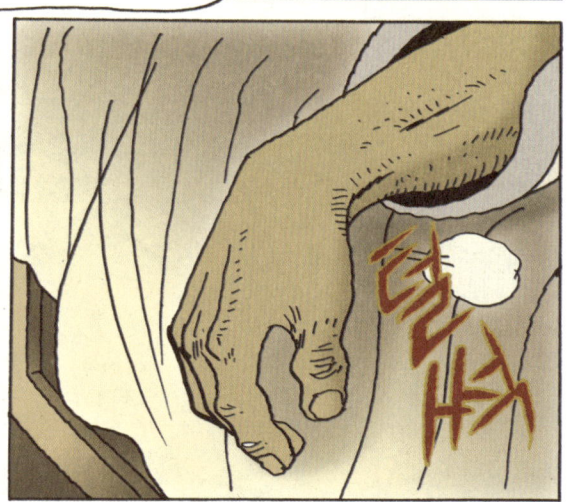

촉의 오호대장군 중 세 번째 별이 떨어졌다.

황충을 잃은 유비는 울분을 터뜨리듯 몸소 대군을 이끌고 오의 본진을 휩쓸었다.

제4장

三國志

— 새내기 **육손**, 칠백 리 촉영을 **흔들다**

유비는 효정부터 7백 리에 걸쳐 40개의 진채를 세웠다.

저곳만 지나면 건업은 우리 것이나 다름없다.

하지만 험한 산에 둘러싸여 있어 쉽지 않아 보입니다.

더구나 저곳은 대도독으로 임명된 육손이 지키고 있다고 합니다.

육손? 그자는 어떤 자요?

육손은 나이는 어리지만 재주가 많고 꾀가 깊습니다. 전에 형주를 뺏은 것도 육손의 머리에서 나온 꾀였다고 합니다.

뭐라?

그럼 바로 그놈이 내 큰아우를 죽게 한 원수 놈이로구나.

놈을 죽여 내 한을 씻겠다!

제4장 새내기 육손, 칠백 리 촉영을 흔들다

어서 달려라! 백제성까지.

폐하를 무사히 모셔야 한다!

유비는 조자룡의 활약으로 사지에서 벗어나 백제성으로 피신했다. 그러나 이 싸움으로 촉의 75만 대군은 대패했다.

제5장

三國志
용의 꿈, 백제성에서 지다

젠장, 공명의 계략에 말려든 거야.

허허, 이 진을 벗어나지 못해 곤욕을 치르고 있구려.

뉘시오?

이곳에서 나가고 싶으면 나를 따라오시오.

평범한 노인이 아니구나

형님, 저희가 왔습니다.

오, 아우님들 아닌가!

살아들 있었구만….

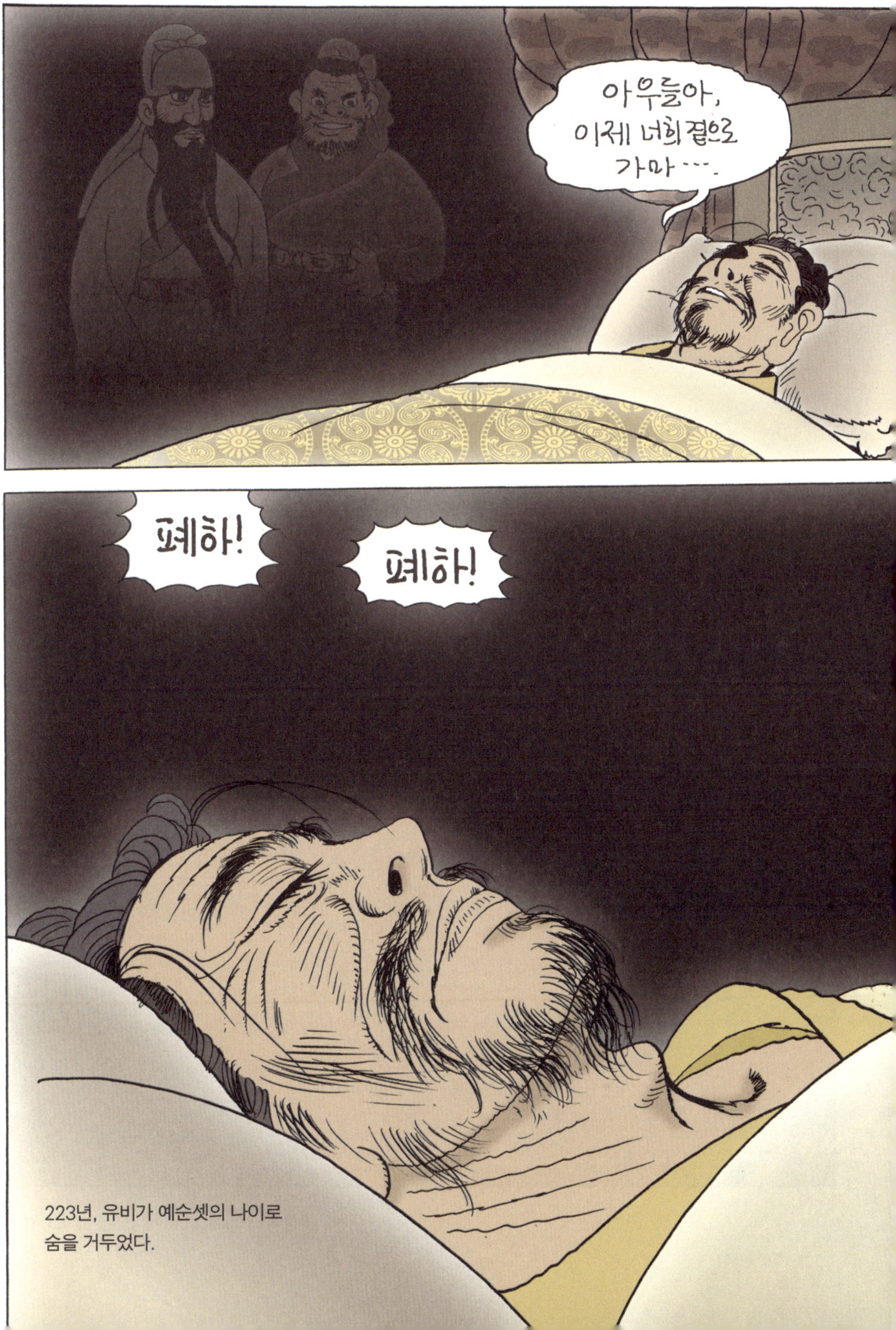

223년, 유비가 예순셋의 나이로
숨을 거두었다.

제6장

三國志

기름 솥에 뛰어들어 촉오 동맹을

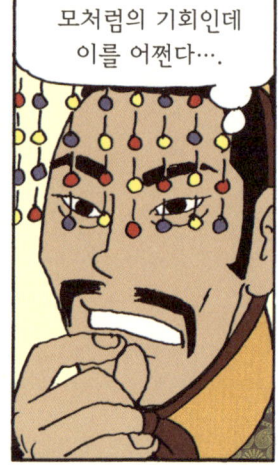

하지만 위의 장수들 중에는 공명을 당해 낼 만한 자가 없습니다.

전하께서는 일단 못 이기는 척 조비의 청을 들어주십시오.

그런 다음 싸움 채비를 하는 데 시간을 끌며 상황을 지켜보십시오.

만약 위가 이겨 촉이 위급해지면 성도부터 차지하는 게 상책입니다.

그러나 위가 질 경우에는 따로 의논을 해 보시는 게 좋겠습니다.

육손, 그대가 내 가슴을 시원하게 뚫어 주는구나!

우린 앉아서 구경이나 하다가 이익만 챙기면 된다는 뜻이 아닌가?

손권은 육손의 계책에 따라 출정 준비에 시간을 끌며, 위의 네 갈래 군마의 동태를 살피게 했다.

• **역이기** 한나라의 모사. 제나라의 왕 전횡을 설득하여 한에 항복하도록 했다. 하지만 역이기가 공을 세울 것을 시기한 한의 장수 한신이 제를 공격하는 바람에 전횡의 노여움을 사 팽형을 당하였다.

• **세객** 자기 의견 또는 자기 소속 집단의 주장을 설파하며 다니는 사람을 일컫는 말.

제7장

三國志

위가 오를 쳤으나 혼비백산

조비는 그날로 영을 내려 2천여 명이 탈 수 있는 '용주'라는 큰 싸움배 10척을 만들게 했다.
그리고 크고 작은 싸움배를 끌어모으게 하니 그 수가 3천 척이었다.

출정이다!

내 몸소 나아가 오나라 아이들을 쓸어 버릴 것이다!

서황
조진
장료
장합

으악!

적의 화공이다!

용주를 갈대숲에서 빼라!

활활

활활

불길이 너무 셉니다!

으아악!

아아…, 우리 전함이 모두 잿더미가 돼 버리다니!

살려 줘!

폐하, 어서 자리를 피하소서!

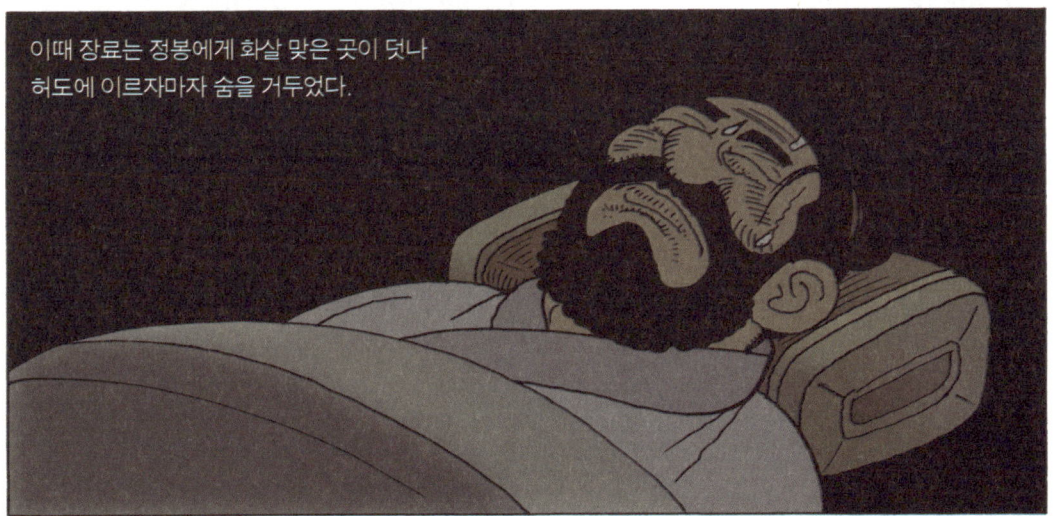

성도

조비가 혼쭐이 났겠군.

겨우 목숨을 건져 도망치기 바빴다고 합니다.

됐다. 이제 조비는 한동안 허도에서 나오지 못할 것이다.

나는 그동안 남쪽 오랑캐를 정벌하여 등 뒤의 걱정거리를 없애야겠다.

제8장

三國志

일곱 번 **사로잡고**, 일곱 번 **놓아주다**

제8장 일곱 번 사로잡고, 일곱 번 놓아주다 159

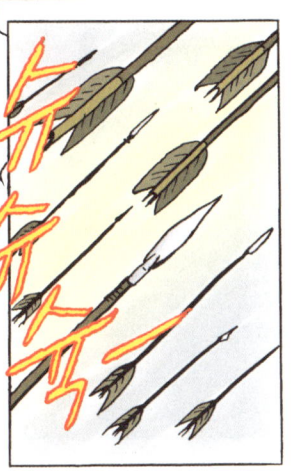

개선길에 오른 공명이 노수에 이르렀을 때였다.

이 상태라면 온전히 건널 수가 없습니다.

파도와 소용돌이가 천지를 뒤흔드는구나.

강물이 슬픔에 차 있는 것 같다.

이것은 나 때문에 죽어 간 사람들의 원혼이 울고 있는 것이다.

이 강에는 미친 귀신이 살고 있어 풍랑을 일으킵니다. 예부터 사람 머리를 제물로 바치면 풍랑이 멎었습니다.

사람의 머리를 바친다고?

예! 마흔아홉 명의 사람 머리를 바쳐 제를 올리면 풍랑이 멎곤 했습니다.

아니 된다. 어찌 산 사람을 죽여 제물로 바친단 말이냐?

내가 시키는 대로 제물을 만들거라.

제8장 일곱 번 사로잡고, 일곱 번 놓아주다

공명이 제물을 올리고 진혼제를 올리자, 강물이 다시 잠잠해졌다.

이 원정의 성공으로 촉은
드넓은 남만 땅의 종주국이 되었다.

• **제물** 이때 만든 제물을 만두(饅頭)라고 불렀는데, 오늘날 만두의 시초라는 설이 있다.

제9장

三國志

출사표

조비는 황제의 자리에 오른 지 7년째 되던 해, 마흔의 나이로 숨을 거두었다.

제위를 계승한 조예는 연호를 태화로 바꾸는 한편, 나라에 사면령을 내려 민심을 수습하는 일도 잊지 않았다.

또한 조진을 대장군에, 조휴를 대사마에, 진군을 사공에, 사마의를 표기대장군에 봉하는 등 문무 대신의 벼슬을 높여 조정의 면모를 크게 일신하였다.

제10장

三國志

— 자룡의 무용, 공명의 슬기

• **육도삼략** 중국의 병서인 《육도》와 《삼략》을 아울러 이르는 말이다.

우~~ 조 장군에게 세 놈이 한꺼번에 달려들어...

"젠장, 망했다!"

"얼빠진 놈들아. 서라!"

"후퇴다!"

촉은 첫 번째 중원 싸움을 승리로 매듭지었다.

■ 이릉 전투

관우를 잃은 유비는 동오를 향한 복수심을 불태우며 장비와 함께 진격하기로 결심한다. 장비는 전투 준비를 서두르다 부하들의 신임을 잃고 암살당한다. 이에 격분한 유비는 관우의 아들 관흥, 장비의 아들 장포 등과 함께 동오를 향해 진격해 순식간에 자귀까지 진출한다.

손권은 위에 구원을 요청하나, 두 세력이 싸우다 약해지기를 바라는 조비는 적극적으로 나서지 않는다. 결국 손권은 손환을 보내 막아 보려 하지만, 손환은 크게 패한 채 이릉성으로 쫓기고 만다. 위기에 몰린 손권은 형주에 있던 육손을 대도독으로 삼아 촉과의 싸움에 임하도록 한다.

유비는 효정 일대에 마흔 개의 진채를 세우며 동오를 압박한다. 육손은 싸움에 응하지 않다가 유비군 진채가 흐트러지는 것을 노려 일시에 화공을 가해 촉의 대군을 격파한다.

주변의 만류를 뿌리치고 감행했던 전투에서 크게 패한 유비는 몸과 마음이 쇠약해져 결국 백제성에서 숨을 거둔다.

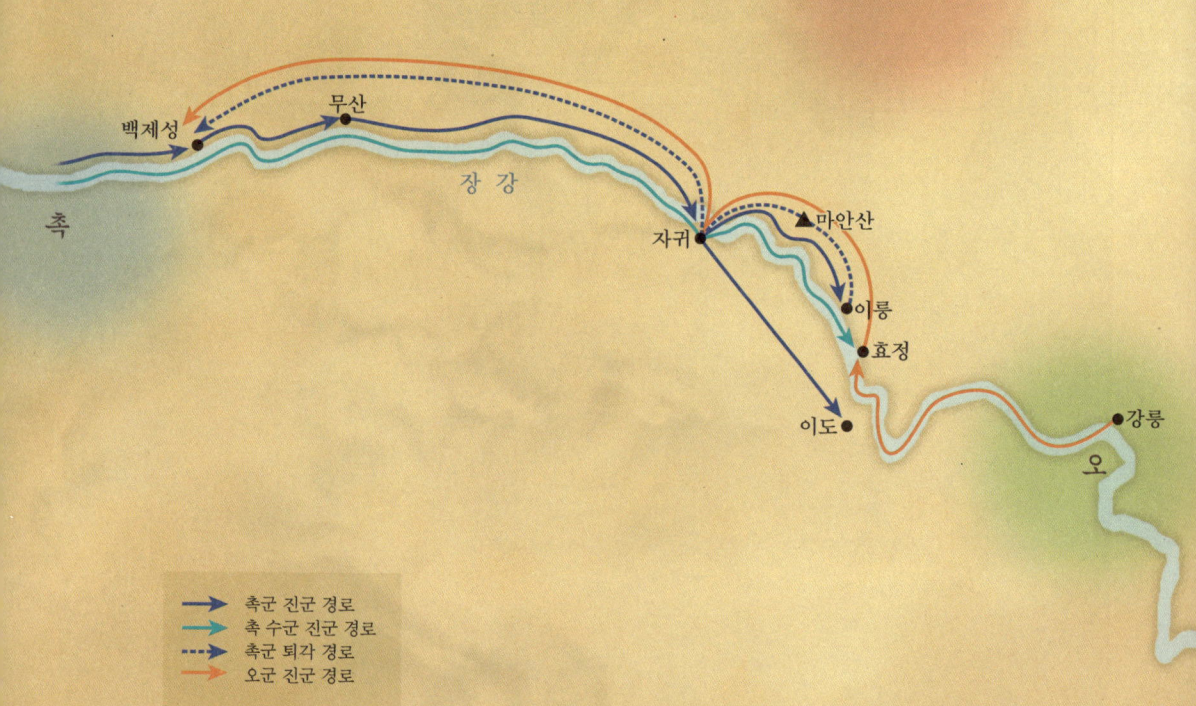

■ 연표

221 **유비, 황제의 자리에 오르다.**
헌제가 폐위당했다는 소식을 들은 촉의 신하들은 유비에게 황제가 될 것을 권유한다. 유비는 불충한 짓이라며 거듭 사양하다가 결국 신하들의 간청을 받아들여 황제의 자리에 오른다.

장비가 죽다.
관우의 복수를 고대하던 장비는 유비의 부름을 받고 동오를 치기 위한 준비를 시작한다. 하지만 무리한 지시를 하는 바람에 장달과 범강의 반발을 사고 결국 그들의 손에 죽고 만다.

유비가 동오를 향해 진격하다.
유비는 장비의 죽음 이후 더욱 동오에 대한 증오를 키워 나간다. 여기에 관우의 아들 관흥과 장비의 아들 장포가 가세하여 동오를 향해 진격한다. 손권은 제갈근을 보내 유비를 회유하는 한편, 위의 조비에게 도움을 청하지만 모두 실패하고 만다.

222 **이릉 대전**
전투 초반에는 군사력을 쏟아부은 촉의 우세가 이어진다. 하지만 유비가 전황을 잘못 판단하는 실수를 범한 데다가 오의 맹장 육손의 전략이 성공하면서 촉군은 크게 패하고 만다.

223 **유비가 죽다.**
효정과 이릉에서 육손에게 대패한 후 백제성으로 쫓겨 들어갔던 유비는 자신의 병이 깊음을 깨닫고 성도에 있는 제갈량을 불러들인다. 유비는 제갈량에게, 유선이 보필해 줄 만한 하면 도와주고, 그렇지 않다면 스스로 성도의 주인이 되어도 좋다는 유촉을 남긴 채 세상을 뜬다.

유선이 유비의 뒤를 잇다.
유비의 뒤를 이어 유선이 촉의 황제 자리에 오른다. 연호를 건흥으로 고치고 여러 신하들의 벼슬을 높이는 한편 대사면령을 내린다.

조비가 다섯 갈래로 촉을 치다.
유비가 죽었다는 소식을 들은 조비는 요동의 가비능, 남만의 맹획, 동오의 손권에게 군사를 일으킬 것을 요청한다. 이어 맹달에게는 한중을, 조진에게는 양평관을 공격하도록 명하지만, 미리 대비한 제갈량에게 막히고 만다.

촉과 오가 손을 잡다.
제갈량은 위의 위협을 막기 위해 등지를 동오로 보낸다. 등지는 뛰어난 말솜씨와 기지를 발휘해 손권과 동맹을 맺는다.

224 **조비가 오를 향해 진격하다.**
촉과 오의 동맹 소식을 들은 조비는 싸움배를 건조해 동오를 향해 진격한다. 하지만 오의 대대적인 화공을 받은 데다가 촉의 조자룡마저 장안을 치려 한다는 소식에 당황해 허도로 돌아간다.

225 **맹획이 침입하다.**
남만왕 맹획이 10만에 달하는 병사를 이끌고 촉의 국경을 침범한다. 제갈량은 직접 토벌하기로 결정하고 남만 정벌에 나서 맹획의 항복을 이끌어 낸다.

226 **조비가 죽다.**
조비가 죽고 조예가 등극한다. 조예는 조정의 면모를 일신하고 민심을 수습하는 데 힘을 쏟는다. 하지만 사마의가 반역을 꾸밀지도 모른다고 의심하여 관직을 빼앗은 후 낙향하라 명한다.

227 **공명, 출사표를 올리다.**
사마의 축출 소식을 들은 제갈량은 이를 기회라 보고 중원 진출의 뜻을 아뢰는 출사표를 유선에게 올린다. 이어 서천 입구를 지켜 동오의 침입을 경계한 후, 첫 번째 북벌에 나선다.

이희재 **삼국지 9** 출사표를 올리다

글 그림 | 이희재
원작 | 나관중
만화 어시스트 | 황철주 오현(구성), 유병윤 장모춘(데생), 고은미 지혜경(채색)

초판 1쇄 발행일 2017년 1월 20일

발행인 | 김학원
경영인 | 이상용
편집주간 | 김민기 위원석 황서현
기획 | 문성환 박상경 임은선 김보희 최윤영 조은화 전두현 최인영 이혜인 이보람 이효온
디자인 | 김태형 유주현 구현석 박인규 한예슬
마케팅 | 이한주 김창규 이정인 함근아
저자·독자 서비스 | 조다영 윤경희 이현주 (humanist@humanistbooks.com)
스캔·출력 | 이희수 com.
조판 | 프린웍스
용지 | 화인페이퍼
인쇄 | 삼조인쇄
제본 | 정성문화사

발행처 | (주)휴머니스트 출판그룹
출판등록 | 제313-2007-000007호(2007년 1월 5일)
주소 | (03991) 서울시 마포구 동교로23길 76(연남동)
전화 | 02-335-4422 팩스 | 02-334-3427
홈페이지 | www.humanistbooks.com

ⓒ 이희재, 2017

ISBN 978-89-5862-156-0 07910
ISBN 978-89-5862-158-4 (세트)

이 도서의 국립중앙도서관 출판예정도서목록(CIP)은 서지정보유통지원시스템 홈페이지(http://seoji.nl.go.kr)와 국가자료공동목록시스템(http://www.nl.go.kr/kolisnet)에서 이용하실 수 있습니다.(CIP제어번호: CIP2016026490)

만든 사람들

기획 | 위원석 (wws2001@humanistbooks.com)
편집 | 고홍준 이영란 이혜인
디자인 | 김태형 박인규
지도 | 임근선

• 이 책은 저작권법에 따라 보호받는 저작물이므로 무단전재와 무단복제를 금합니다. 이 책의 전부 또는 일부를 이용하려면 반드시 저자와 (주)휴머니스트 출판그룹의 동의를 받아야 합니다.